"考古中国"重大项目　甲编第 003 号

宁夏回族自治区文物考古研究所丛刊之三十九

隆德沙塘北塬遗址考古发掘报告

（第五册）

宁夏回族自治区文物考古研究所
隆德县文物管理所　编　著

文物出版社

Archaeological Excavation Report on the Shatang Beiyuan Site in Longde (V)

by

Ningxia Institute of Cultural Relics and Archaeology

Longde County Cultural Relics Administration

Cultural Relics Press

彩版目录

1. 沙塘北塬遗址远景

2. 沙塘北塬遗址发掘区全貌

彩版一　沙塘北塬遗址远景

1. 沙塘北塬遗址考古勘探

2. 沙塘北塬遗址考古勘探

彩版二　沙塘北塬遗址考古勘探

彩版三　沙塘北塬遗址2015年发掘区航拍照

彩版四　沙塘北塬遗址2016年发掘区航拍照

1. 沙塘北塬遗址考古发掘现场教学

2. 沙塘北塬遗址考古发掘合影

彩版五　沙塘北塬遗址考古发掘

1. 2013 年考古发掘现场

2. 2013 年考古发掘现场

彩版六　沙塘北塬遗址考古发掘现场

1. 2015 年考古发掘现场

2. 2015 年考古发掘现场

彩版七　沙塘北塬遗址考古发掘现场

1. 2013 年考古发掘现场

2. 2015 年考古发掘现场

彩版八　沙塘北塬遗址考古发掘现场

1. 2013 年发掘——筛土

2. 2015 年发掘——浮选

彩版九　沙塘北塬遗址考古发掘现场

1. 固原市委领导到发掘工地指导工作

2. 隆德县领导到发掘工地指导工作

彩版一〇　领导到发掘工地指导工作

1. 罗丰、王明珂教授到发掘工地指导工作

2. 井中伟教授发掘工地现场教学

彩版一一　专家学者到发掘工地指导工作

1. 宁夏文物考古研究所朱存世所长陪同王立新教授到发掘工地指导工作

2. 宁夏文物考古研究所朱存世所长到发掘工地指导工作

彩版一二　专家学者到发掘工地指导工作

1. 陶片整理

2. 陶片整理

彩版一三　考古报告整理工作

1. 室内绘图

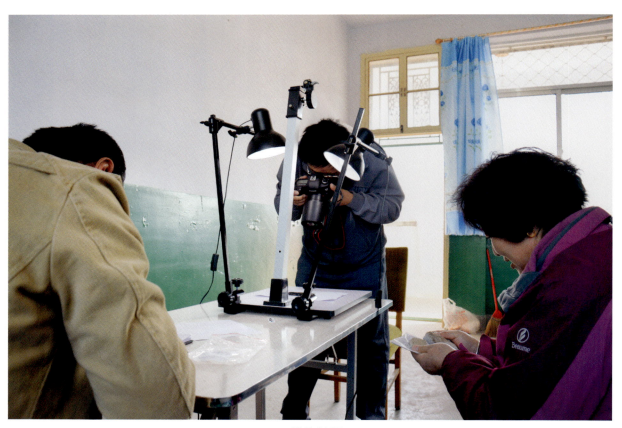

2. 器物拍照

彩版一四　考古报告整理工作

1. 2015 ⅡT1101 北壁

2. 2015 ⅡT1101 东壁

彩版一五　2015年发掘探方地层剖面

1. 2015 ⅡT1101 南壁

2. 2015 ⅡT1101 西壁

彩版一六　2015年发掘探方地层剖面

1. 2015 ⅢT1104 北壁

2. 2015 ⅢT1104 东壁

彩版一七　2015年发掘探方地层剖面

1. 2015 ⅢT1104 南壁

2. 2015 ⅢT1104 西壁

彩版一八　2015年发掘探方地层剖面

1. 2015 ⅢT1304 北壁

2. 2015 ⅢT1304 东壁

彩版一九　2015年发掘探方地层剖面

1. 2015 Ⅲ T1304 南壁

2. 2015 Ⅲ T1304 西壁

彩版二〇　2015年发掘探方地层剖面

1. 2016ⅡT0706 南壁

2. 2016ⅡT0706 西壁

彩版二一　2016年发掘探方地层剖面

1. 2016 ⅡT0805 东壁

2. 2016 ⅡT0805 西壁

彩版二二　2016年发掘探方地层剖面

1. 石刀 III T0101③：1

2. 石镞 III T0101③：2

3. 石刀 III T0101④：1

4. 石刀 III T0102②：1

5. 石器残片 III T0102③：1

6. 石叶 III T0102③：2

彩版二三　地层出土遗物

1. 圆腹罐Ⅲ T0102④：2

2. 石斧Ⅲ T0102④：1

3. 蚌壳Ⅲ T0102④：3

4. 石刀Ⅲ T0201④：12

5. 石镞Ⅲ T0201⑤：1

6. 骨器Ⅲ T0201⑤：2

彩版二四　地层出土遗物

1. 石器 Ⅲ T0202⑤：9

2. 蚌饰 Ⅲ T0202⑤：10

3. 骨器 Ⅲ T0202⑤：11

4. 双耳罐 Ⅲ T0202⑥：1

5. 石刀 Ⅲ T0505J：1

彩版二五　地层出土遗物

1. 陶盆 Ⅲ T0505③：1

2. 石纺轮 Ⅲ T0705③：1

3. 石纺轮 Ⅲ T0905①：1

5. 圆腹罐 Ⅱ T0908⑤：3

4. 石器 Ⅱ T0908④：1

彩版二六　地层出土遗物

1. 陶纺轮 II T0908⑤：2

2. 玉器 II T0908⑤：1

3. 石刀 III T1003④：1

4. 陶刀 III T1005④：17

5. 石料 III T1005④：1

6. 石刀 III T1006②：2

彩版二七　地层出土遗物

1. 骨锥 ⅢT1103④：4

2. 石刀 ⅢT1104③：19

3. 单耳罐 ⅢT1104④：1

4. 陶盆 ⅢT1105④：5

5. 石凿 ⅢT1105④：4

彩版二八　地层出土遗物

1. 石刀ⅢT1105④：2

2. 骨锥ⅢT1105④：3

3. 骨锥ⅢT1105④：6

4. 骨饰ⅢT1106③：1

5. 石刀ⅢT1106④：1

彩版二九　地层出土遗物

1. 石杵 Ⅲ T1201③：2

2. 石器 Ⅲ T1201④：12

3. 石斧 Ⅲ T1202③：15

4. 陶垫 Ⅲ T1203③：5

5. 石斧 Ⅲ T1204⑧：1

彩版三〇　地层出土遗物

1. 石刀 Ⅲ T1204⑧：2

2. 石镞 Ⅲ T1205②：1

3. 陶刀 Ⅲ T1205③：1

4. 兽角 Ⅲ T1205③：2

5. 陶盆 Ⅲ T1304⑥：6

6. 石镞 Ⅲ T1304⑥：1

彩版三一　地层出土遗物

1. 陶刀 II T0602③：3

2. 石铲 II T0602⑤：8

3. 石镞 II T0602⑤：4

4. 骨器 II T0602⑤：5

5. 骨器 II T0602⑤：6

6. 石料 II T0604⑤：1

彩版三二　地层出土遗物

1. 石刀 II T0702③：1

2. 石刀 II T0703③：1

3. 花边罐 II T0704⑤：2

4. 石刀 II T0704⑤：1

5. 骨镞 II T0706③：1

6. 蚌饰 II T0706③：2

彩版三三　地层出土遗物

1. 骨器 II T0706④：1

2. 骨器 II T0706④：1

3. 骨锥 II T0706④：2

4. 陶豆座 II T0706⑤：18

5. 陶刀 II T0802⑤：1

6. 陶刀 II T0803⑤：11

彩版三四　地层出土遗物

1. 石铲 II T0803⑤：9

2. 石刀 II T0803⑤：10

3. 石凿 II T0804③：1

4. 石凿 II T0804③：1

5. 骨器 II T0805⑤：1

6. 石凿 II T0806③：1

彩版三五　地层出土遗物

1. 石镞 II T0806③：2

2. 石镞 II T0806③：4

3. 玉料 II T0806③：5

4. 石刀 II T0806④：1

5. 陶拍 II T0806⑥：1

6. 陶拍 II T0905④：2

彩版三六　地层出土遗物

1. 双耳罐 ⅡT0806⑧：4

2. 骨凿 ⅡT0905④：1

3. 石镞 ⅡT0905⑤：1

4. 石刀 ⅡT0905⑤：2

5. 骨镞 ⅡT0905⑤：3

彩版三七　地层出土遗物

1. 石镞 Ⅱ T0906④：1

2. 兽牙 Ⅱ T0906⑤：1

3. 石刀 Ⅱ T0906⑥：6

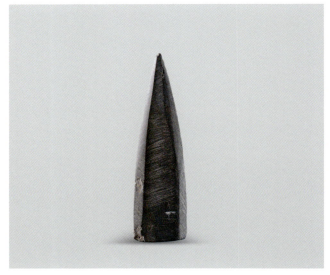

4. 石镞 Ⅱ T0906⑥：2

5. 石料 Ⅱ T0906⑥：3

6. 骨针 Ⅱ T0906⑥：5

彩版三八　地层出土遗物

1. 陶纺轮 II T1005⑥：3

2. 陶拍 II T1005⑥：4

3. 陶拍 II T1005⑥：4

4. 石刀 II T1005⑥：1

1. 骨锥 II T1005⑥：2

2. 石刀 II T1006③：1

3. 陶刀 II T1006⑥：2

4. 石刀 II T1006⑥：3

5. 玉璧 II T1007④：1

6. 石镞 II T1007⑤：1

彩版四〇　地层出土遗物

1. 陶盆 Ⅱ T1105⑤：28

2. 陶刀 Ⅱ T1105⑤：2

3. 石刀 Ⅱ T1105⑤：4

4. 骨锥 Ⅱ T1105⑤：1

5. 骨锥 Ⅱ T1105⑤：3

彩版四一　地层出土遗物

1. 双耳罐ⅡT1106③：8

2. 圆腹罐ⅡT1205③：14

3. 陶环ⅡT1206③：1

4. 石刀ⅢT2815②：2

彩版四二　地层出土遗物

1. F1

2. F1 灶坑剖面

彩版四三　F1

1. F1①～③层

2. F1④层

彩版四四　F1

1. F2（自北向南）

2. F2 灶坑剖面

彩版四五　F2

1. 獠牙F2：7

2. 骨锥F2：2

3. 石器F2：3

4. 石器F2：4

5. 石刀F2：5

彩版四六　F2出土遗物

1. F3（自北向南）

2. F3②层

彩版四七　F3

1. 石刀F3①：1

2. 石凿F3①：2

3. 蚌饰F3①：3

4. 石器F3②：1

5. 石刀F5：2

6. 骨器F5：1

彩版四八　F3、F5出土遗物

1. F4

2. F4底部残存白灰皮

彩版四九　F4

1. F5

2. F5①、②层

彩版五〇　F5

1. F6（自北向南）

2. 陶拍F8①：1

3. 骨匕F8①：9

4. 陶盆F8⑤：1

5. 骨锥F8⑥：1

彩版五一　F6与F8出土遗物

1. 石斧 F12 : 1

2. 刮削器 F12 : 2

3. 骨针 F12 : 3

4. 骨镞 F12 : 4

5. 圆腹罐 F13②：1

彩版五二　F12、F13出土遗物

1. 石刀F14④：1

2. 陶器盖F14⑧：6

3. 骨锥F14⑧：1

4. 石斧F14 壁龛：1

5. 陶豆盘F15：1

彩版五三　F14、F15出土遗物

1. 陶刀F16：14

2. 陶刀F16：14

3. 陶刀F16：15

4. 陶杯F16：12

5. 陶杯F16：13

彩版五四　F16出土遗物

1. 石斧F16∶6

2. 石凿F16∶3

3. 石凿F16∶11

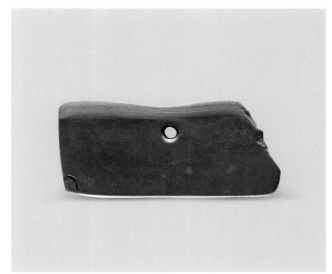

4. 石刀F16∶4

5. 石刀F16∶5

彩版五五　F16出土遗物

1. 石刀F16：10

2. 石刀F16：17

3. 刮削器F16：8

4. 石器F16：9

5. 骨饰F16：2

6. 骨饰F16：7

彩版五六　F16出土遗物

1. 骨器F16：41

2. 骨器F16：41

3. 骨器F16：41

4. 骨器F16：41

5. 骨器F16：41

彩版五七　F16出土遗物

1. 石刀F18：1

2. 石凿F18：2

3. 石刀F21①：18

4. 石刀F21 活动面①：1

5. 圆腹罐F23：4

彩版五八　F18、F21、F23出土遗物

1. F21

2. F23

彩版五九　F21、F23

1. 石刀F23：6

2. 石刀F23：7

3. 石刀F23：8

4. 石刀F23：10

5. 石器F23：9

1. F24

2. 花边罐F24①：2

3. 磨石F24③：3

彩版六一　F24及出土遗物

1. F25

2. F26

彩版六二　F25、F26

1. 石料F25②：13

2. 石杵F25②：9

3. 蚌器F25②：7

4. 蚌器F25②：10

5. 蚌器F25②：11

彩版六三　F25出土遗物

1. 陶拍F26：2

2. 陶拍F26：2

3. F27

4. 石刀F27：1

5. 石器F27：2

彩版六四　F26、F27出土遗物与F27

1. F29

2. F30

3. 圆腹罐F31①：2

4. 石刀F31①：24

彩版六五　F29、F30与F31出土遗物

1. H1

2. H2

彩版六六　H1、H2

1. H3

2. H4

彩版六七　H3、H4

1. H5

2. H5 坑壁上用火痕迹

3. H5 出土动物牙齿

彩版六八　H5及出土遗物

1. H6

2. H7

3. 石凿 H7：1

彩版六九　H6、H7及出土遗物

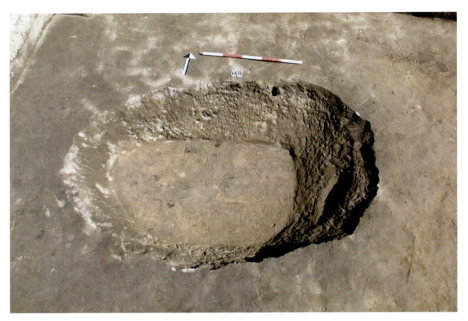

1. H8

2. H10

3. 石刀H10：1

彩版七〇　H8、H10及出土遗物

1. H11

2. H12

彩版七一　H11、H12

1. H13

2. H14

彩版七二　H13、H14

1. H15

2. H16

彩版七三　H15、H16

1. H17

2. H18

3. 陶器耳H18：1

彩版七四　H17、H18及出土遗物

1. H19

2. H19 出土罢足

彩版七五　H19

1. H20

2. H21

彩版七六　H20、H21

1. H22

2. 陶纺轮H22：1

3. H23

彩版七七　H22、H23及出土遗物

1. H25

2. H25 坑底柱洞

3. H25 立式灶坑

彩版七八　H25

1. H26

2. 骨锥H26①：1

3. 骨锥H26②：1

彩版七九　H26及出土遗物

1. H27

2. 骨镞H27∶1

3. 磨石H27∶2

4. H28

彩版八〇　H27、H28及出土遗物

1. H29

2. 石刀H29：1

3. H30

彩版八一　H29、H30及出土遗物

1. H31

2. H32

彩版八二　H31、H32

1. H33

2. H34

3. 石刀H34：1

彩版八三　H33、H34及出土遗物

1. H35

2. 圆腹罐H35①：1

3. H36

4. 骨锥H36②：1

彩版八四　　H35、H36及出土遗物

1. H38

2. H39

3. 陶器盖H39：1

彩版八五　H38、H39及出土遗物

1. H40

2. H42

彩版八六　H40、H42

1. H41

2. H41 出土高领罐

3. 高领罐H41①：24

4. 石刀H41①：3

彩版八七　H41及出土遗物

1. H43

2. H43 出土器物

彩版八八　H43

1. 花边罐H43①：6

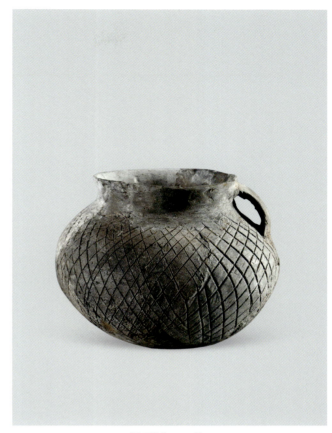

2. 单耳罐H43①：4

3. 单耳罐H43①：5

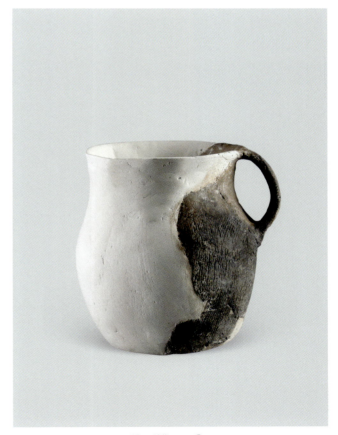

4. 单耳罐H43①：7

彩版八九　H43出土遗物

1. 双耳罐H43①：11

2. 高领罐H43①：8

3. 陶拍H43①：2

4. 陶拍H43①：2

5. 陶拍H43①：3

6. 陶拍H43①：3

彩版九〇　H43出土遗物

1. 陶鬶H43③：3

2. 石矛H43③：1

3. 骨锥H43③：2

4. 圆腹罐H43④：6

5. 陶盆H43④：11

彩版九一　H43出土遗物

1. 陶纺轮H43④：1

2. 石凿H43④：2

3. 石凿H43④：2

4. 石刀H43④：3

5. 石刀H43④：7

6. 石纺轮H43④：4

彩版九二　H43出土遗物

1. 圆腹罐H43⑤：1

2. 双耳罐H43⑤：2

3. 骨器H43⑥：2

4. 骨针H43⑥：1

5. 骨锥H43⑥：3

彩版九三　H43出土遗物

1. H44

2. H45

彩版九四　H44、H45

1. H46

2. H47

彩版九五　H46、H47

1. H48

2. H49

彩版九六　H48、H49

1. H50

2. H51

彩版九七　H50、H51

1. H52

2. H53

彩版九八　H52、H53

1. 石纺轮H55②：1

2. H56

彩版九九　H56及H55出土遗物

1. H57

2. 骨锥H57∶1

彩版一〇〇　H57及出土遗物

1. H58

2. 兽骨H58：1

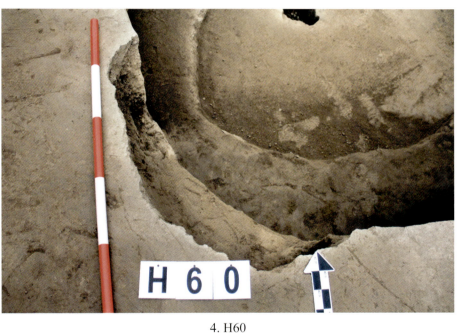

4. H60

3. 骨锥H59①：1

彩版一〇一　H58、H60及H58、H59出土遗物

1. H61

2. H62

1. H63

2. 陶盆H63①：1

3. 圆腹罐H63⑨：1

彩版一〇三　H63及出土遗物

1. H64

2. 单耳罐H64：3

3. 石刀H64：1

4. 石刀H64：2

彩版一〇四　H64及出土遗物

1. H65

2. H65 坑底小坑中陶罐

3. H65 坑壁工具痕迹

彩版一〇五　H65

1. 圆腹罐H65①：6

2. 花边罐H65①：5

3. 单耳罐H65①：2

4. 单耳罐H65①：3

5. 陶盆H65①：1

彩版一〇六　H65出土遗物

1. H66

2. 双耳罐H66②：1

3. 双耳罐H66②：1 耳部

彩版一〇七　H66及出土遗物

1. H67

2. H67、H76 打隔梁后

1. H68

2. H70

彩版一〇九　H68、H70

1. 花边罐H68④：1

2. 单耳罐H68④：3

3. 高领罐H68④：4

4. 敛口罐H68④：2

彩版一一〇　H68出土遗物

1. H71

2. H72

彩版一一一　H71、H72

1. H73

2. H74

彩版一一二　H73、H74

1. 圆腹罐H73：3

2. 双耳罐H73：2

3. 双耳罐H73：2

4. 陶盆H73：1

彩版一一三　H73出土遗物

1. H75

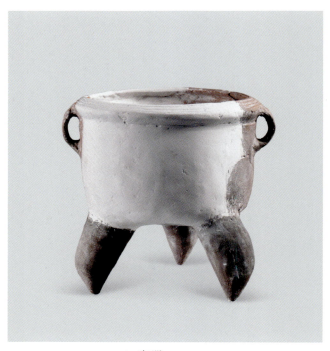

2. 陶鬲H76：2

3. 陶尊H76：1

彩版一一四　　H75与H76出土遗物

1. H77

2. 石刀H77②：1

3. 石刀H77②：2

彩版一一五　H77及出土遗物

1. H78

2. H79

3. 陶拍H79：1

彩版一一六　H78、H79及出土遗物

1. H80

2. H81

3. 双耳罐H81：1

彩版一一七　H80、H81及出土遗物

1. H82

2. 骨镞H82①：1

3. 骨针H84：1

4. H84

彩版一一八　H82、H84及出土遗物

1. H85

2. 石刀H85①：1

彩版一一九　H85及出土遗物

1. H86

2. H88

彩版一二〇　H86、H88

1. H87

2. 陶盆H87：1

3. 陶刀H87：3

4. 石刀H87：2

彩版一二一　H87及出土遗物

1. H89

2. H90

彩版一二二　H89、H90

1. H91

2. H95

彩版一二三　H91、H95

1. H96

2. H97

彩版一二四　H96、H97

1. 陶盆H100：1

2. 陶盆H101①：2

3. 石刀H101①：6

4. 石刀H101①：7

5. 石镞H101①：3

6. 石料H101①：4

彩版一二五　H100、H101出土遗物

1. 石料H101①：8

2. 石纺轮H101①：10

3. 石器H101①：5

4. 圆腹罐H101②：5

5. 陶盆H101②：4

彩版一二六　H101出土遗物

1. 陶器盖H101②：1

2. 石锛H101②：3

3. 骨锥H101②：2

4. 圆腹罐H101④：3

5. 陶祖H101④：2

6. 石刀H101④：1

彩版一二七　H101出土遗物

1. 石斧H102：1

2. H103

3. 石刀H104①：1

4. H104

彩版一二八　H103、H104及H102、H104出土遗物

1. H105

2. 石镞H105②：2

3. 石料H105②：3

4. 骨锥H105②：1

5. 双耳罐H105⑥：4

彩版一二九　H105及出土遗物

1. 陶豆H105⑥：37

2. 陶器盖H105⑥：2

3. 石刀H105⑥：1

4. 石锛H105⑥：6

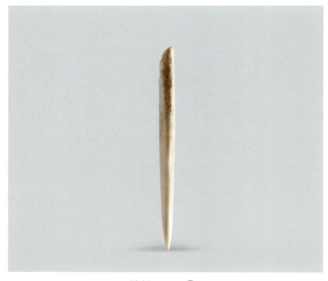

5. 骨锥H105⑥：3

6. 鹿角H105⑥：5

彩版一三〇　H105出土遗物

1. H106

2. H107

3. 骨器H107①：1

4. 兽骨H107①：2

5. 陶拍H107②：1

彩版一三一　H106、H107及出土遗物

1. H110

2. 双鋬罐H110②：1

3. 陶器盖H111：14

4. H112

彩版一三二　H110、H112及H110、H111出土遗物

1. 石镞H113∶1

2. 石料H114∶1

3. 玉片H114∶2

4. 陶拍H116①∶1

5. 圆腹罐H116②∶4

彩版一三三　H113、H114、H116出土遗物

1. H116

2. 陶刀H116②：2

3. 陶刀H116②：3

4. 石刀H116②：1

5. 陶刀H116②：2

彩版一三四　H116及出土遗物

1. 单耳罐H117∶1

2. 石刀H117∶2

3. H119

4. H122

彩版一三五　H119、H122及H117出土遗物

1. H120

2. 石料H120②：1

3. 骨匕H120②：2

4. 石刀H120④：1

5. 石刀H120④：2

彩版一三六　　H120及出土遗物

1. 石刀H124①：1

2. 陶盆H125②：9

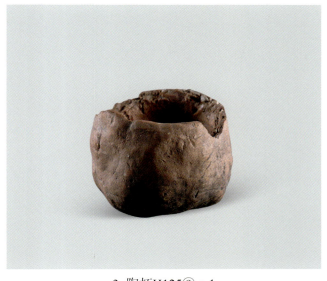

3. 陶杯H125②：1

4. 石刀H125②：2

5. 石镞H126②：1

彩版一三七　H124、H125、H126出土遗物

1. H127

2. 陶杯H127：1

3. H128

4. 陶纺轮H128：1

彩版一三八　H127、H128及出土遗物

1. H130

2. 石刀H130①：1

3. 陶拍H130⑦：4

4. 骨针H130⑩：2

5. 石凿H130⑩：3

彩版一三九　H130及出土遗物

1. H131

2. 骨匕 H131①：1

3. 陶纺轮 H131⑥：2

4. 骨针 H131⑥：1

彩版一四〇　H131及出土遗物

1. H134

2. 玉凿H134①：2

3. 石刀H134①：3

4. 骨镞H134①：1

5. 石刀H134⑥：1

彩版一四一　H134及出土遗物

1. H135

2. 陶盆H135：7

3. 陶盆H135：8

4. 石凿H135：3

5. 骨匕H135：5

彩版一四二　H135及出土遗物

1. H136

2. 骨锥H136①：1

3. 陶刀H136②：2

4. 陶刀H136②：3

5. 石刀H136②：1

彩版一四三　H136及出土遗物

1. H137

2. H138

3. 石镞 H138①：2

4. 骨凿 H138①：3

彩版一四四　H137、H138及出土遗物

1. H139

2. 陶器盖H139：4

3. 石器H139：1

4. 石刀H139：2

彩版一四五　H139及出土遗物

1. H140

2. H141

彩版一四六　H140、H141

1. 单耳罐H141①：1

2. 石镞H141②：1

3. 石镞H141②：3

4. 骨锥H141②：2

5. 陶刀H142①：1

6. 石器H142⑦：1

彩版一四七　H141、H142出土遗物

1. H143

2. 陶刀 H143③：2

3. 骨匕 H143③：1

4. 骨匕 H143④：1

5. 骨匕 H143⑪：1

彩版一四八　H143及出土遗物

1. H144

2. H146

彩版一四九　H144、H146

1. 双耳罐H147①：1

2. 石笄H147②：1

3. 石凿H147⑤：2

4. 骨器H147⑤：1

彩版一五〇　H147出土遗物

1. H148

2. H149

彩版一五一　H148、H149

1. H150

2. H152

彩版一五二　H150、H152

1. H151

2. 石器H151①：2

3. 骨器H153：1

4. H153

彩版一五三　H151、H153及出土遗物

1. H154

2. 三耳罐H154①：2

3. 陶纺轮H154①：3

4. 兽角H154①：1

5. 陶器盖H154②：1

彩版一五四　H154及出土遗物

1. 陶盆H154③：1

2. 陶纺轮H154④：2

3. 石凿H154⑤：2

4. 石凿H154⑤：4

5. 骨锥H154⑤：6

6. 鹿角H154⑥：2

彩版一五五　H154出土遗物

1. H156

2. 陶刀H156③：1

3. 陶器纽H156③：8

4. 石刀H156③：3

5. 骨锥H156③：4

6. 骨锥H156③：5

彩版一五六　H156及出土遗物

1. 单耳罐H156①：1

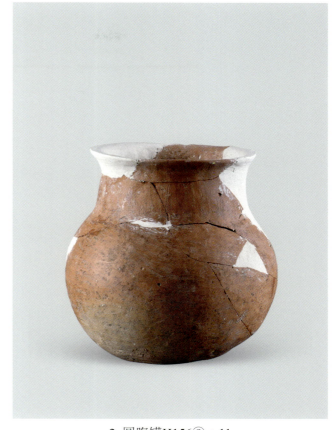

2. 圆腹罐H156③：11

3. 圆腹罐H156③：12

4.陶器盖H156③：13

彩版一五七　H156出土遗物

1. 骨锥H156③：6

2. 獠牙H156③：7

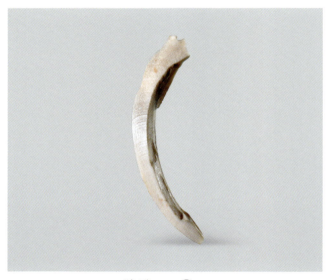

3. 獠牙H156③：10

4. 玉器H156③：9

5. 敛口罐H156⑤：2

6. 陶刀H156⑤：1

彩版一五八　H156出土遗物

1. H157

2. 骨针H157①：1

3. 石刀H158①：1

4. 玉料H158②：1

5. H158

彩版一五九　H157、H158及出土遗物

1. 石刀H158②：2

2. 陶纺轮H158④：3

3. 骨锥H158④：1

4. 兽骨H158④：2

5. 陶器纽H158⑤：2

6. 石刀H158⑤：1

彩版一六〇　H158出土遗物

1. H160

2. 玉锥H160①：1

3. 陶钵H160②：4

4. 陶器盖H160②：2

5. 陶刀H160③：1

彩版一六一　H160及出土遗物

1. H161

2. H162

3. 石刀H162②：1

彩版一六二　H161、H162及出土遗物

1. H167

2. 石刀H167④：1

3. 石镞H167④：2

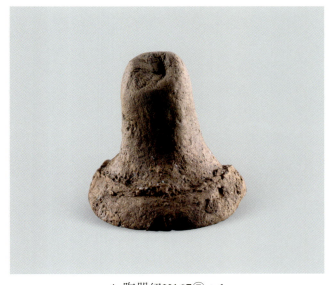

4. 陶器纽H167⑦：1

5. 骨器H167⑨：1

彩版一六三　H167及出土遗物

1. H168

2. H169

彩版一六四　H168、H169

1. H170

2. H171

彩版一六五　H170、H171

1. H172

2. H173

彩版一六六　H172、H173

1. 石料H173①：1

2. 石料H173①：2

3. 石料H173①：3

4. 骨凿H173③：1

5. 兽角H173③：2

6. 石料H173④：1

彩版一六七　H173出土遗物

1. H174

2. H176

3. 陶杯H176⑥：13

4. 鹿角H176⑧：1

彩版一六八　H174、H176及出土遗物

1. H177

2. 骨凿H177①：1

3. 石器H177①：2

4. H178

彩版一六九　　H177、H178及出土遗物

1. H179

2. H180

彩版一七〇　H179、H180

1. H182

2. H184

彩版一七一　H182、H184

1. H183

2. 单耳罐H183②：1

3. 陶盆H183③：1

4. 陶盆H183④：2

5. 陶器盖H183④：3

彩版一七二　H183及出土遗物

1. H185

2. 石刀H185⑤：1

3. 陶刀H186①：1

4. 骨锥H186⑧：1

5. 石刀H186⑧：2

彩版一七三　H185、H186及出土遗物

1. 石刀H186⑨：4

2. 玉器H186⑨：2

3. 骨锥H186⑪：1

4. 单耳罐H186⑫：2

5. 陶盆H186⑫：1

6. 陶豆H186⑬：8

彩版一七四　H186出土遗物

1. 圆腹罐H187①：2

2. 石斧H187①：1

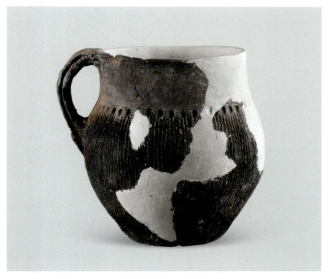
3. 单耳罐H187②：2

4. 单耳罐H187②：2

5. 陶刀H187②：1

6. 石铲H187③：1

彩版一七五　H187出土遗物

1. H189

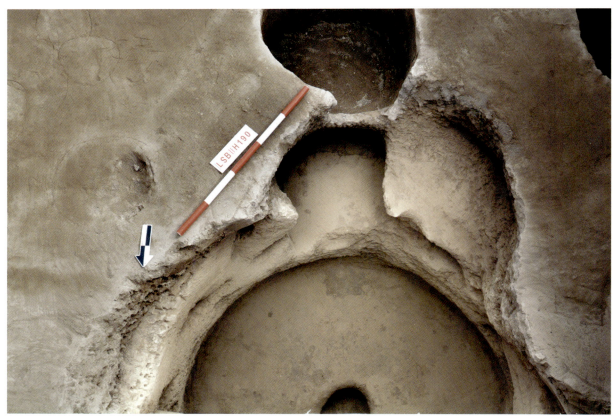

2. H190

彩版一七六　H189、H190

1. H191

2. H193

彩版一七七　H191、H193

1. H194

2. H195

彩版一七八　H194、H195

1. H196

2. H197

3. 花边罐H197③：1

彩版一七九　H196、H197及出土遗物

1. H198

2. H199

彩版一八〇　H198、H199

1. H201

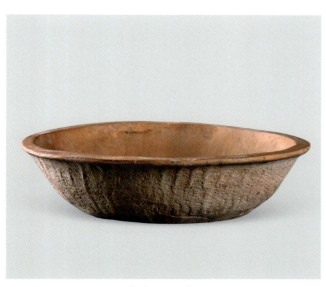

2. 陶盆H201③：1

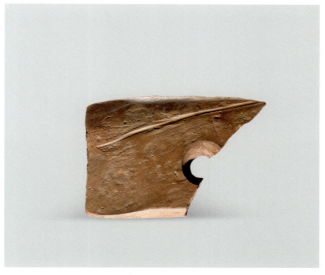

3. 陶刀H201⑤：2

4. 石刀H201⑤：1

5. 石器残片H201⑤：3

彩版一八一　H201及出土遗物

1. H203

2. H204

彩版一八二　H203、H204

1. H205

2. 陶器盖H205①：1

3. 玉凿H205③：1

4. 玉凿H205③：1

彩版一八三　H205及出土遗物

1. H206

2. 陶盆H206④：1

3. H207

彩版一八四　H206、H207及出土遗物

1. 高领罐H206②：4

2. 陶壶H206②：1

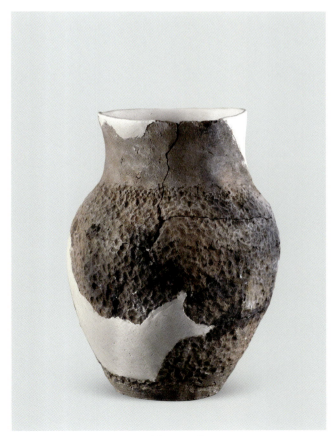

3. 圆腹罐H206③：1

4. 高领罐H206③：3

彩版一八五　H206出土遗物

1. H208

2. 石锛H208②：1

3. 磨石H208②：2

4. H209

彩版一八六　H208、H209及出土遗物

1. H211

2. 陶钵H211：2

3. 石刀H212④：1

4. H212

彩版一八七　H211、H212及出土遗物

1. 圆腹罐H211：4

2. 双鋬罐H211：5

3. 双鋬罐H211：5

4. 石斧H211：1

5. 石斧H211：1

彩版一八八　H211出土遗物

1. H213

2. H214

彩版一八九　H213、H214

1. H217

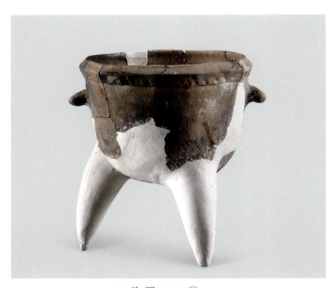

2. 陶鬲H217①：1

3. 单耳罐H218②：2

4. H218

彩版一九〇　H217、H218及出土遗物

1. H220

2. H222

彩版一九一　H220、H222

1. H223

2. H224

彩版一九二　H223、H224

1. H225

2. H228

彩版一九三　H225、H228

1. H229

2. 陶盆H229：1

3. 陶器盖H231①：2

4. 石斧H231①：1

彩版一九四　　H229、H231及出土遗物

1. 圆腹罐H236：3

2. 陶器盖H236：2

3. 骨锥H236：1

4. 圆腹罐H237①：1

5. 骨锥H237②：1

彩版一九五　H236、H237出土遗物

1. 陶盆H239①：1

2. 陶盆H239①：24

3. 石刀H239②：1

4. 骨锥H239②：2

5. 骨匕H239②：3

6. 陶器纽H239⑨：2

彩版一九六　H239出土遗物

1. 陶盆H240：10

2. 陶杯H240：11

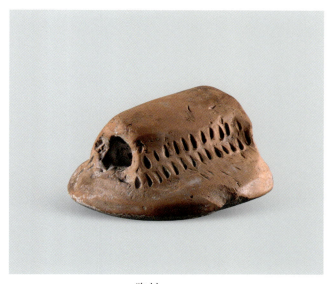

3. 陶拍H240：3

4. 陶刀H240：9

5. 石刀H240：4

6. 玉刀H240：6

彩版一九七　H240出土遗物

1. 圆腹罐H244：3

2. 花边罐H244：4

3. 单耳罐H244：1

4. 羊角H244：2

彩版一九八　H244出土遗物

1. 骨锥H245②：15

2. 骨铲H245②：14

3. 骨铲H245②：14

4. 石刀H245④：8

5. 骨器H245④：10

6. 骨锥H245⑥：2

彩版一九九　H245出土遗物

1. 圆腹罐H245⑦：6

2. 三耳罐H245⑦：4

3. 陶刀H245⑦：8

4. 陶刀H245⑦：11

5. 骨锥H245⑦：9

彩版二〇〇　H245出土遗物

1. H246

2. H247

彩版二〇一　H246、H247

1. H248

2. 石刀H248①：21

3. 兽牙H248②：14

4. H249

彩版二〇二　H248、H249及出土遗物

1. 陶刀H249④：4

2. 石刀H249④：5

3. 石刀H249⑤：9

4. 石镞H249⑤：8

5. 石料H249⑥：6

6. 石料H249⑥：7

彩版二〇三　H249出土遗物

1. H250

2. H251

彩版二〇四　H250、H251

1. H252

2. H253

3. 陶器盖H253：7

4. 石器残片H253：6

彩版二〇五　H252、H253及出土遗物

1. H254

2. H256

彩版二〇六　H254、H256

1. H257

2. 石刀H257：13

3. 石刀H257：14

4. 石料H257：8

彩版二〇七　H257及出土遗物

1. 敛口罐H258：2

2. 石器残片H259：3

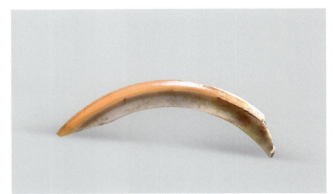

3. 兽牙H259：2

4. H259

彩版二〇八　H259及H258、H259出土遗物

1. H261

2. 骨镞H261②：17

3. 骨匕H261②：9

4. 骨器H261②：18

5. 骨器H261②：18 局部

彩版二〇九　H261及出土遗物

1. 陶盆H261③：10

2. 石笄H261③：13

3. 石器残片H261③：12

4. 双耳罐H261④：4

5. 鹿角H261④：32

6. 骨器H261④：33

彩版二一〇　H261出土遗物

1. 陶盅H261⑧：60

2. 陶器盖H261⑧：64

3. 陶器纽H261⑧：63

4. 石刀H261⑧：62

5. 骨镞H261⑧：68

6. 蚌饰H261⑧：69

彩版二一一　H261出土遗物

1. H262

2. 石凿H262②：5

3. 骨锥H264：4

4. H264

彩版二一二　H262、H264及出土遗物

1. H265

2. 陶杯H265③：1

3. 圆腹罐H265④：1

彩版二一三　H265及出土遗物

1. H266

2. 石刀H266④：5

3. 石刀H266⑤：7

4. 石刀H266⑤：8

5. 石刀H266⑥：42

彩版二一四　H266及出土遗物

1. 陶刀H266⑥：41

2. 石刀H266⑥：49

3. 石镞H266⑥：48

4. 石料H266⑥：46

5. 玉料H266⑥：40

6. 玉料H266⑥：54

彩版二一五　H266出土遗物

1. 骨锥H266⑥：43

2. 骨针H266⑥：1

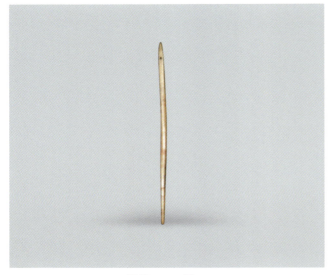

3. 骨针H266⑥：44

4. 兽牙H266⑥：45

5. 蚌饰H266⑥：51

1. H268

2. H269

彩版二一七　H268、H269

1. 石刀H269：47

2. 石镞H269：49

3. 石镞H269：52

4. 砺石H269：51

5. 石器H269：48

6. 骨镞H269：46

彩版二一八　H269出土遗物

1. H270

2. H271

彩版二一九　H270、H271

1. H272

2. H273

彩版二二〇　H272、H273

1. H274

2. H275

彩版二二一　H274、H275

1. H276

2. 单耳罐H276③：5

3. 石镞H277①：1

4. H277

彩版二二二　H276、H277及出土遗物

1. H278

2. 圆腹罐H278：2

3. 双耳罐H278：1

彩版二二三　H278及出土遗物

1. H279

2. H280

彩版二二四　H279、H280

1. H281

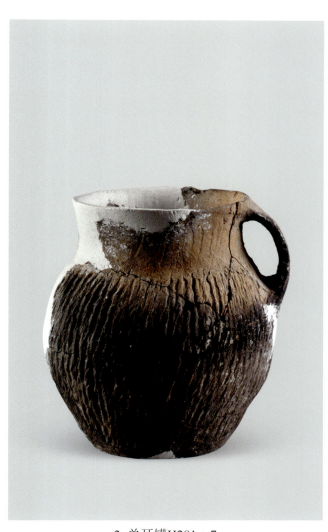

2. 单耳罐 H281：7

3. 陶器盖 H281：8

4. 骨器 H281：9

彩版二二五　H281及出土遗物

1. H282

2. H283

彩版二二六　H282、H283

1. H284

2. H285

彩版二二七　H284、H285

1. 敛口罐H284②：4

2. 陶片H284②：15

3. 石刀H284②：13

4. 石料H284②：14

5. 磨石H284③：7

彩版二二八　H284出土遗物

1. H286

2. H287

彩版二二九　H286、H287

1. 陶刀H286∶9

2. 陶铲H287②∶4

3. 骨器H287②∶5

4. 石刀H289∶13

5. 骨针H289∶4

6. 蚌饰H289∶12

彩版二三〇　H286、H287、H289出土遗物

1. H288

2. H289

彩版二三一　H288、H289

1. H290

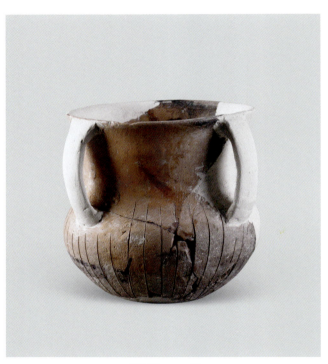

2. 三耳罐H290②：1

3. 石刀H291：21

4. 骨器H291：22

5. H291

彩版二三二　H290、H291及出土遗物

1. H292

2. H294

彩版二三三　H292、H294

1. 石刀H292②：3

2. 玉料H292②：2

3. 陶盆H293②：4

4. 骨锥H293②：8

5. 蚌壳H293②：9

彩版二三四　H292、H293出土遗物

1. 陶刀H294③：1

2. 石凿H295：2

3. H295

4. H296

彩版二三五　H295、H296及H294、H295出土遗物

1. 陶纺轮H298②：1

2. 骨镞H298②：2

3. H299

彩版二三六　H298出土遗物与H299

1. H300

2. 骨锥H300：2

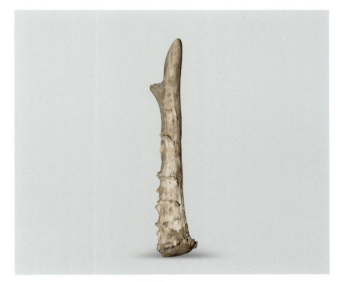

3. 鹿角H300：1

彩版二三七　H300及出土遗物

1. 圆腹罐H301②：1

2. H302

3. H303

彩版二三八　H302、H303及H301出土遗物

1. 单耳罐H303①：4

2. 石器H303②：1

3. 石料H303②：2

4. 圆腹罐H303④：1

彩版二三九　H303出土遗物

1. H304

2. H305

彩版二四〇　H304、H305

1. H306

2. H307

3. 陶器纽H307：3

4. 骨锥H307：5

彩版二四一　　H306、H307及出土遗物

1. H309

2. H310

彩版二四二　H309、H310

1. H311

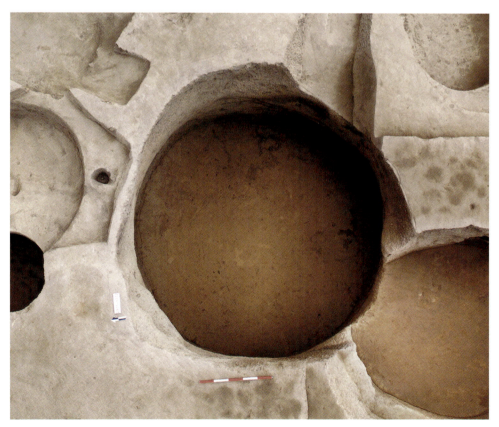

2. H312

彩版二四三　　H311、H312

1. 石刀H312①：5

2. 骨镞H312①：4

3. 骨针H312①：6

4. 泥饼H312②：32

5. 石刀H312②：37-1

6. 石刀H312②：37-2

彩版二四四　H312出土遗物

1. 石镞H312②：29

2. 骨凿H312②：31

3. 兽牙H312②：33

4. 鹿角H312②：35

5. 鹿角H312②：36

6. 鹿角H312③：10

彩版二四五　H312出土遗物

1. 单耳罐H312④：13

2. 石刀H312④：15

3. 石器残块H312④：14

4. 骨锥H312④：16

5. 石矛H312⑥：13

彩版二四六　H312出土遗物

1. 单耳罐H312⑥：10

2. 双耳罐H312⑥：12

3. 骨锥H312⑥：14

4. 骨锥H312⑥：15

5. 兽骨H312⑥：16

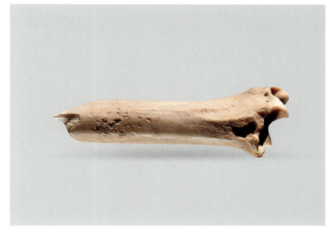

6. 兽骨H312⑥：17

彩版二四七　H312出土遗物

1. 花边罐H312⑧：18

2. 单耳罐H312⑧：19

3. 陶斝H312⑧：17

4. 石刀H312⑧：23

5. 石料H312⑧：22

彩版二四八　H312出土遗物

1. 骨针H312⑧：20

2. 骨锥H312⑧：21

3. 骨锥H312⑧：26

4. 骨凿H312⑧：25

5. 鹿角H312⑧：24

6. 骨镞H312⑨：33

彩版二四九　H312出土遗物

1. 单耳罐H312⑨：12

2. 刻槽盆H312⑨：29

3. 石刀H312⑨：35

4. 石刀H312⑨：36

5. 石刀H312⑨：37

彩版二五〇　H312出土遗物

1. H313

2. H314

彩版二五一　H313、H314

1. H315

2. H316

彩版二五二　H315、H316

1. H317

2. 陶盆H317②：38

3. 陶斝H317②：3

彩版二五三　H317及出土遗物

1. 石刀H317②：45

2. 骨锥H317②：46

3. 陶盆H318：17

4. 陶纺轮H318：15

5. 石凿H318：13

6. 骨针H318：16

彩版二五四　H317、H318出土遗物

1. H319

2. H320

3. 圆腹罐H320①：1

4. 圆腹罐H320①：16

彩版二五五　H319、H320及出土遗物

1. H321

2. H322

彩版二五六　H321、H322

1. H323

2. 圆腹罐H324③：3

3. 单耳罐H324⑤：3

彩版二五七　H323与H324出土遗物

1. H325

2. 陶盆H326：20

3. 石锛H326：1

4. 石锛H326：2

5. 石铲H326：3

彩版二五八　　H325与H326出土遗物

1. H327

2. 骨匕H327①：2

3. 圆腹罐H327③：10

4. 石刀H327③：12

5. 料姜石H327③：11

彩版二五九　H327及出土遗物

1. H328

2. 陶盆H328∶15

3. 陶纺轮H328∶17

4. 骨镞H328∶16

5. 骨器H328∶19

彩版二六〇　H328及出土遗物

1. H330

2. H331

彩版二六一　H330、H331

1. 石刀H332：1

2. H333

3. H334

彩版二六二　H332出土遗物与H333、H334

1. 圆腹罐H334：12

2. 单耳罐H334：10

3. 石刀H334：13

4. 骨凿H334：7

5. 骨锥H334：11

彩版二六三　H334出土遗物

1. H335

2. H336

彩版二六四　H335、H336

1. H337

2. 石器H337①：7

3. 骨凿H337①：6

4. 陶盉H337②：8

彩版二六五　H337及出土遗物

1. H339

2. H340

彩版二六六　H339、H340

1. H341

2. H342

彩版二六七　H341、H342

1. H344

2. 圆腹罐H344：1

3. 玉凿H345①：6

4. H345

彩版二六八　H344、H345及出土遗物

1. H346

2. H348

彩版二六九　H346、H348

1. 圆腹罐H348：7

2. 双耳罐H348：2

3. 花边罐H349：4

4. 骨器H349：5

5. 骨器H349：5

彩版二七〇　H348、H349出土遗物

1. H349

2. H350

彩版二七一　H349、H350

1. H351

2. H352

彩版二七二　H351、H352

1. H353

2. H354

3. 骨簪H354：1

彩版二七三　H353、H354及出土遗物

1. H355

2. H356

彩版二七四　H355、H356

1. H357

2. H359

3. 单耳罐H359：3

彩版二七五　H357、H359及出土遗物

1. H360

2. H361

彩版二七六　H360、H361

1. H363

2. H364

彩版二七七　　H363、H364

1. H365

2. 陶器H365①：8

3. 石刀H365①：7

4. H366

彩版二七八　H365、H366及出土遗物

1. H367

2. H368

彩版二七九　H367、H368

1. H369

2. H370

彩版二八〇　H369、H370

1. H371

2. H373

彩版二八一　H371、H373

1. H376

2. 骨针H376①：27

3. 骨镞H376①：28

4. 骨饰H376③：20

5. 骨锥H376③：21

彩版二八二　H376及出土遗物

1. H377

2. H378

彩版二八三　H377、H378

1. 圆腹罐H378：24

2. 陶盆H378：21

3. 陶盆H378：23

4. 陶纺轮H378：25

5. 石刀H378：26

彩版二八四　H378出土遗物

1. H379

2. H381

彩版二八五　H379、H381

1. H382

2. H383

彩版二八六　H382、H383

1. H384

2. H385

3. 骨器H385：2

彩版二八七　H384、H385及出土遗物

1. H388

2. H389

彩版二八八　H388、H389

1. H390

2. H391

彩版二八九　H390、H391

1. H392

2. H393

3. 圆腹罐H393：2

彩版二九〇　H392、H393及出土遗物

1. H394

2. H395

彩版二九一　H394、H395

1. H396

2. 圆腹罐H396：1

3. H397

彩版二九二　H396、H397及出土遗物

1. H398

2. H400

3. 陶盆H400：1

4. 骨锥H400：2

彩版二九三　H398、H400及出土遗物

1. Y1

2. Y1 壁面的灶

彩版二九四　Y1

彩版二九五　Y1窑室底部解剖

1. 骨锥Y1②：1

2. 骨锥Y1③：6

3. 陶拍Y1④：1

4. 陶拍Y1④：2

5. 陶器盖Y1⑤：2

6. 鹿角Y1⑤：1

彩版二九六　Y1出土遗物

1. Y3

2. Y4

3. 花边罐Y4：9

4. 双耳罐Y4：4

彩版二九七　Y3、Y4及出土遗物

1. M2

2. M3

彩版二九八　M2、M3

1. M4

2. M5

彩版二九九　M4、M5

1. M6

2. M7

彩版三〇〇　M6、M7

1. M8

2. M11

彩版三〇一　M8、M11

1. 骨饰M11：1（从左向右：1-3、1-2、1-1、1-7、
1-13、1-14、1-17、1-6、1-5、1-4）

2. 蚌饰M11：2-1

3. 蚌饰M11：2-2

4. 蚌饰M11：2-3

5. 蚌饰M11：2-4

6. 滑石串珠M11：3

1. M12

2. M13

彩版三〇三　M12、M13

1. G1

2. G1 扩方后

彩版三〇四　G1

1. G3

2. G4

彩版三〇五　G3、G4

1. 陶纺轮G3：24

2. 陶纺轮G3：26

3. 石器G3：25

4. 骨铋G3：27

5. 骨铋G3：27

6. 骨铋G3：27

彩版三〇六　G3出土遗物